만화로 보는
올림픽 세계사

이 책에 소중한 주의를 기울여준 빅토르 펠펠, 마르게리트 카르도소, 플로리앙 부디노에게 감사를 전합니다.

— 파스칼 & 토미 —

고마워요 파스칼. 당신과 한 팀이 되어 일하는 건 언제나 즐거워요! 그리고 나의 챔피언 마르셀에게 감사를 전합니다.

— 토미 —

**Originally published in France as :
Géostratégix. Un monde de jeux**

By Pascal BONIFACE and TOMMY © Dunod 2024, Malakoff

이 책의 한국어판 저작권은 Icarias Agency를 통해
Steinkis와 독점 계약한 도서출판 (주)태학사에 있습니다.
저작권법에 따라 한국 내에서 보호를 받는 저작물이므로
무단 전재와 복제를 금합니다.

올림픽 기원부터 2024년 파리올림픽까지,
올림픽은 무엇을 이루고, 숨겼을까?

파스칼 보니파스 지음 | **토미** 그림
이수진 옮김

날

일러두기
하늘색 글은 모두 옮긴이 주이다.

차례

1부.
올림픽 정신의 부흥   7

2부.
세계대전의 고통 속에서   23

3부.
냉전 시기   35

4부.
보이콧에서 보편주의까지   57

5부.
세계화와 올림픽   73

6부.
2024년 파리올림픽으로 가는 길   99

1부.

올림픽 정신의 부흥

올림픽 정신의 부흥

★ 고대 올림픽이 열렸던 그리스의 옛 도시.

만화로 보는 올림픽 세계사

최초의 근대 올림픽은 1896년 아테네에서 열렸다.
피에르 드 쿠베르탱의 목적 가운데 하나는 교육이었다.

★ 1870년~1871년에 벌어진 프로이센-프랑스 전쟁을 말한다.
★★ 1998년 월드컵에서 프랑스 국가대표팀을 우승으로 이끌었던 프랑스 축구 감독 에메 자케(Aimé Jacquet)가 축구 선수 로베르 피레스(Robert Pires)에게 했던 명언.

올림픽 정신의 부흥

1912년 올림픽에 근대5종경기(펜싱, 수영, 승마, 사격, 달리기)를 포함시킨 장본인이 바로 쿠베르탱이었다.

1875년에서 1881년 사이, 독일 고고학자 에른스트 쿠르티우스가 고대 올림픽 경기장인 올림피아 유적을 발굴한다. 이로써 고대 그리스에 대한 관심이 재조명된다.

★ 1차 세계대전을 뜻한다.

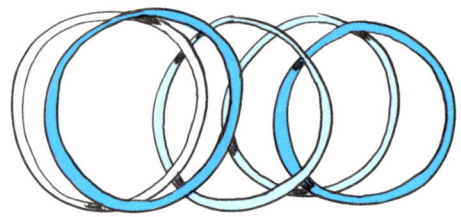

★ 제1차 그리스-페르시아 전쟁 당시 마라톤 평원에서 아테네군이 페르시아군을 무찌른 전투로, 이 전투에서 올림픽 경기의 마라톤 경주가 유래하였다.

올림픽 정신의 부흥

신화적인 유래를 가진 마라톤 경주의 아이디어를 낸 것은 바로 아카데미프랑세즈* 회원인 미셸 브레알이었다.

마라톤 전투가 일어난 곳과 에클레시아(고대 그리스 시민 총회, 민회라고도 한다.)가 위치한 아테네 언덕 사이에서 경주가 벌어진다고 상상해 보세요!

…기원전 490년 페르시아 침략자들을 무찌르고 승리했다는 소식을 전하기 위해 페이딥피데스가 달려왔던 경로죠!

그거 멋지겠는데요?

왕권에 대한 비판이 있었지만, 올림픽 개최로 그리스 내에서는 일종의 전국적인 연맹이 탄생하기도 했다.

인정하기는 싫지만 로마인들이 옳았던 것 같군요…

…"빵과 서커스"** 란 확실히 효과적인 정책이군요!

요르요스 1세 국왕

그리스와의 수많은 불화에서 비롯한 튀르키예의 올림픽 참가 거부는, 사상 최초의 보이콧으로 기록된다.

우리가 갈 거라고는 기대도 마시오!

1830년, 오스만제국으로부터 독립한 뒤로 그리스는 아주 제멋대로요!

압뒬하미트 2세 술탄

그리스인들은 올림픽에 감동한 나머지, 올림픽 경기를 계속해서 그리스에서 개최하기 위해 개최지 교대의 원칙을 없애려고 했다.

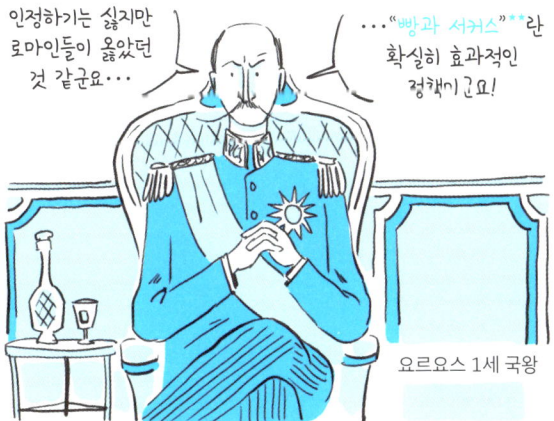

우리의 소중한 오륜기가…

저는 1900년 올림픽이 예정대로 개최될 수 있도록 완고한 태도를 취해야 했죠…

…바로 파리에서 말입니다!

★ 프랑스의 학술원 중 하나로 프랑스어를 표준화하고 다듬는 역할을 한다.
★★ 고대 로마에서 음식과 오락거리가 로마 시민을 정치적 장님으로 만든 세태를 풍자하기 위해 나타난 표현.

올림픽 정신의 부흥

더 최악인 것은, 이틀간 지정된 "인류학의 날"에 '돌 투척'과 같은 특정 경기에서 아메리카의 "비문명화한 야생 부족들의 능력"을 시험했다는 사실이다.

쿠베르탱은 이러한 행태를 "모욕적"이라고 평가했고, 세인트루이스 올림픽은 올림픽 역사의 수치로 남았다.

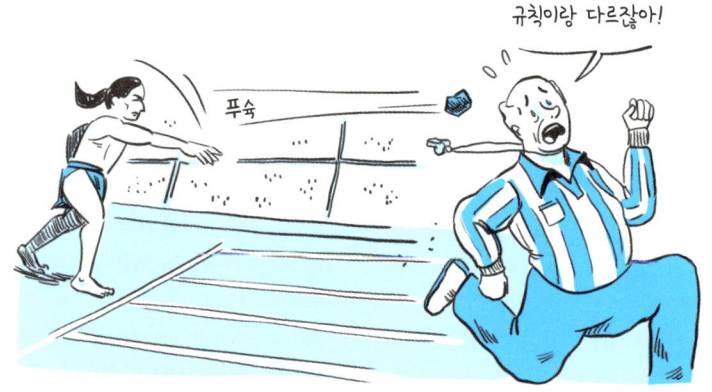

파리 올림픽과 세인트루이스 올림픽 실패 이후, 그리스는 또다시 그리스에서 올림픽을 영구적으로 주최할 수 있게 해달라고 청원했죠.

그러나 1906년, 베수비오 화산 폭발로 인해 로마는 후보지에서 제외된다.

1908년 올림픽 개최지는 런던으로 정했다. 이번에는 영불협상을 기념하는 상업박람회와 접목하여 개최하게 된다.

수많은 근대 스포츠의 요람인 영국은 해당 종목에서 우위를 보여주고자 했다.

올림픽 정신의 부흥

화이트시티 스타디움(62,288석)은 올림픽을 위해 지은 경기장으로, 영국이 스포츠를 얼마나 중요하게 여겼는지 알 수 있다.

독립을 위해 싸우던 아일랜드는, 영국 대표팀을 "영국과 아일랜드"라고 표기하도록 하는 데 성공했다.

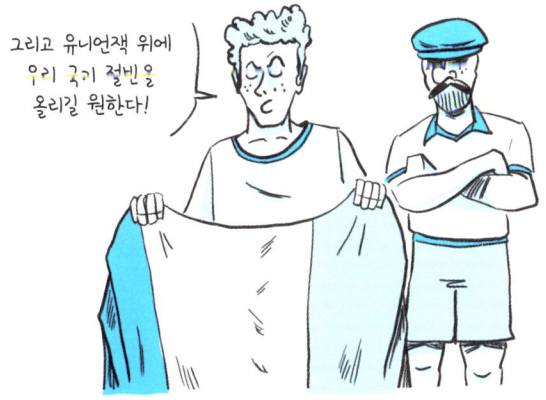

1912년 올림픽 후보지는 단 하나, 스톡홀름뿐이었다. 최초로 5대륙 국가들이 모두 참가했다. 호주와 뉴질랜드는 '오스트랄라시아'라는 이름으로 공동 참가했다.

처음으로 개막식 때 22개 참가국들이 자국 국기를 내걸고 행진했다.

마라톤 코스의 거리는 황실의 요청에 따라 런던 올림픽에서 확정하였다.

때때로 경기장은 정치적 싸움터로 변모했는데, 대표적인 예가 전략적 라이벌인 러시아와 핀란드의 그레코로만형 레슬링 준결승 경기였다.

아일랜드 출신으로, 아메리카 원주민 혈통을 가진 미국인 짐 소프 선수가 근대5종경기와 10종 경기에서 우승을 거머쥐었다. 스웨덴 구스타프 5세가 그를 축하했다.

짐 소프는 지위를 박탈당하고 우승 기록도 삭제되었다.

짐 소프는 알코올 중독에 빠진 채 아무런 타이틀도 없이 1953년에 사망한다.

그가 아메리카 원주민 혈통을 지녔다는 사실이 그의 명예 박탈에 큰 역할을 했다.

1952년부터 1972년까지 IOC 위원장을 지낸 에이버리 브런디지는, 짐 소프의 복권을 거부했다.

IOC에서 짐 소프에게 두 개의 금메달과 우승자의 지위를 돌려준 것은 스톡홀름 올림픽으로부터 110년이 지난 2022년이었다.

올림픽 정신의 부흥

1912년, 체코인 이리 구스는, 자국 민족이 오스트리아-헝가리제국 국기 아래가 아닌, 보헤미아 대표팀으로서 행진할 수 있는 권리를 얻어냈다.

오스트리아와 헝가리 대표팀은 각각 따로 행진했다.

이리 구스,
IOC 공동 창립자이자 쿠베르탱의 지인

베를린이 1916년 올림픽 개최지로 선정되었지만, 연합국과 독일이 벌인 제1차 세계대전이 쿠베르탱의 평화에 대한 염원을 산산조각낸다.

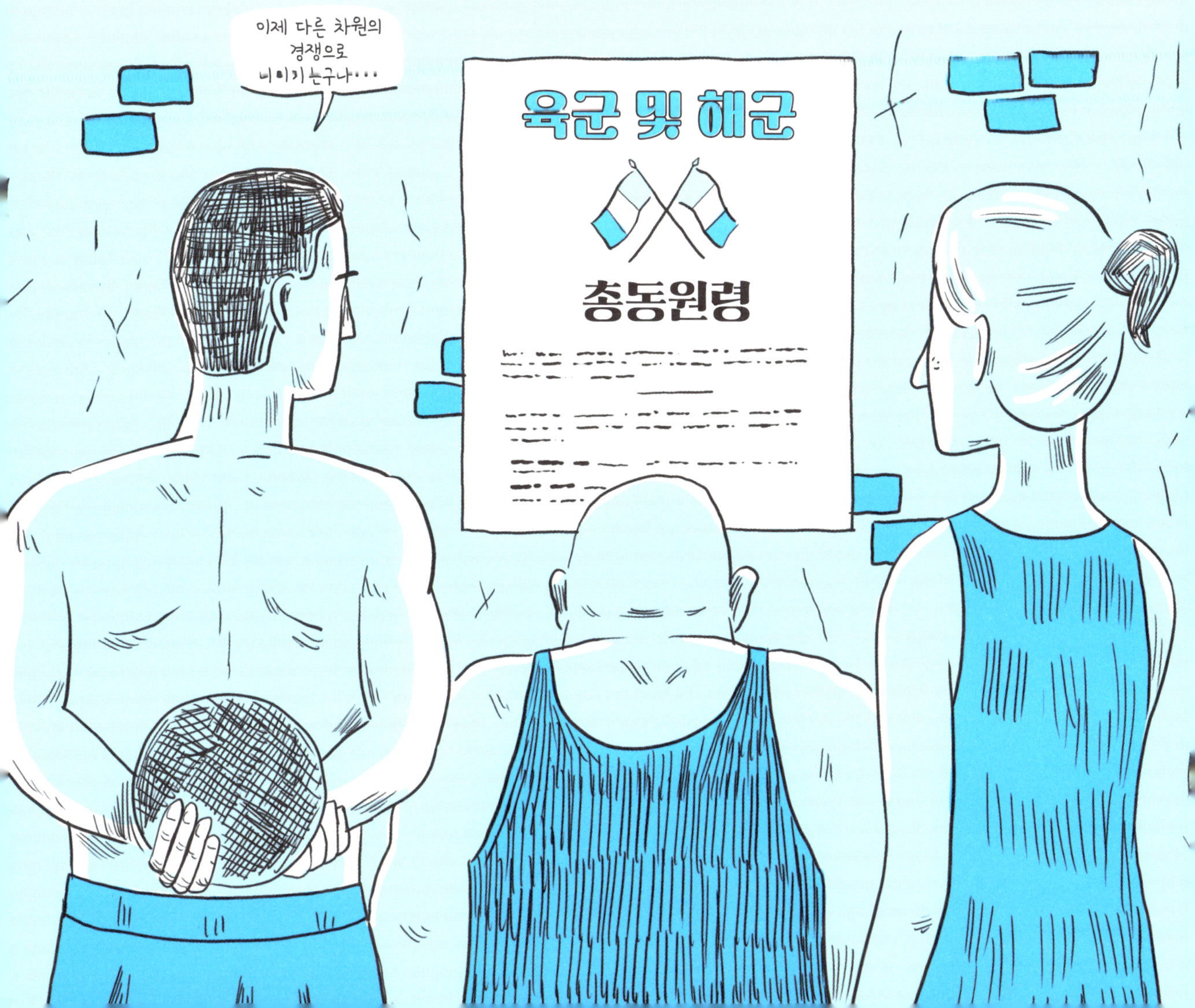

2부.

세계대전의 고통 속에서

제1차 세계대전은 평화에 대한 올림픽의 약속을 무참히 깨트렸다.
전투가 끝난 뒤에도 전쟁은 보편주의 원칙을 또 한 번 산산조각 내게 된다.

세계대전의 고통 속에서

콜롱브 경기장은 4만 5천 명의 관중을 수용할 수 있도록 확장공사를 마쳤다.

1924년 올림픽은 이전 올림픽보다는 더 큰 관심을 받았다.

코카콜라가 올림픽에 처음으로 등장한다. 코카콜라는 미국 선수단의 이동을 지원하고 네덜란드에 1천 팩의 콜라를 보냈다.

맥아더 장군이 올림픽 위원회 단장을 맡았던 미국은 금메달 22개를 휩쓸었고, 2등인 독일은 10개를 따냈다.

맥아더 장군이 중요하게 여긴 건 올림픽 참가가 아니었다.

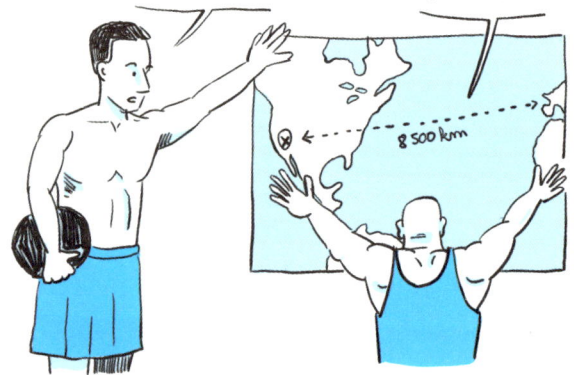

선수들을 수용하기 위한 올림픽 선수촌을 지었지만, 여성 선수들은 그곳에 머물 수 없었다. 미풍양속과 선수들의 기량 보전을 위해서였다.

1932년 올림픽 이후 열린 1936년 올림픽은 애석하게 유명세를 얻게 되었는데요.

세계대전의 고통 속에서

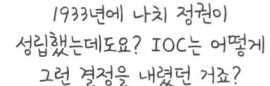

히틀러는 나치 정권의 위대함을 찬양하고, 그것을 개인적인 승리로 치부하기 위해 올림픽을 이용했다.

미국, 영국, 프랑스, 스웨덴, 체코슬로바키아, 네덜란드에서는, 올림픽 정신 존중을 위한 위원회에서 나치 올림픽 보이콧을 권고했다.

하지만 1935년, 미국 올림픽 위원회 단장이었던 에이버리 브런디지는 베를린을 방문해 독일 책임자들에게 설득된다.

브런디지는 보이콧에 반대한다. 미국의 지지는 결정적인 역할을 한다.

같은 해 2월, 스페인에서 집권한 인민전선이 조직한
'인민의 올림피아드'*가 바르셀로나에서 7월에 개최될 예정이었다.

23개국 출신 선수들이 7월 14일 바르셀로나에 도착했다.

그러나 17일, 프랑코 장군의 군사 쿠데타가 일어난다.

쿠데타는 실패로 돌아갔지만(일부 운동선수들은 공화주의자들과 함께 무기를 들고일어났다), 인민의 올림피아드 경기는 결국 취소되었다.

★ 베를린 올림픽 참가를 거부하면서 계획한 대응 올림픽 중 하나로, 스페인 내전 발발로 취소되었다.

세계대전의 고통 속에서

나치당의 프로파간다를 맡은 괴벨스가 올림픽 조직을 담당하게 된다.

1933년 4월부터 아리안화 정책이 독일의 모든 스포츠 연합 내에서 시행되었다.

베를린 도처에 25개의 거대한 화면을 설치하였다.

10만 석을 보유한 거대 경기장을 지었고, 나치 준군사조직인 돌격대(SA)들이 관람석을 전부 메웠다. 개막식에서 각국 대표선수들은 하켄크로이츠로 장식한 경기장 속 관중들의 나치 경례 아래서 행진했다.

대외적으로, 히틀러는 올림픽 정신의 수호자이자 평화주의자 행세를 하면서 쿠베르탱의 지지를 얻어내는 데 성공했다. 쿠베르탱은 1925년에 IOC에서 물러났지만, 올림픽 경기 조직에서는 분명한 영향력을 유지하고 있었다.

반유대주의적 표현이 포함된 패널은 임시로 제거하였다. 국제 여론을 호의적으로 만들기 위해 독일 당국은 유대인 펜싱 선수 헬렌 메이어의 참가를 허용했다.

헬렌 메이어는 은메달을 땄고, 시상대에서 나치 경례를 했다.

볼프강 퓌르스트너 장군은 올림픽 선수촌 책임자로 지명되었다. 유대인이었던 그는 올림픽 개막 이후 며칠 만에 자리에서 밀려났고, 폐막 사흘 후 자살했다.

나치 프로파간다 정책이 본격적으로 시행된다.

1938년, 나치 옹호자인 레니 리펜슈탈 감독의 다큐멘터리 영화 《올림피아》가 개봉한다.

세계대전의 고통 속에서

제스 오언스는 100m, 200m, 4×100m 계주, 멀리뛰기, 4개 종목에서 금메달을 따는 쾌거를 이루어냈다.

히틀러에게 더 최악이었던 건, 아리안 종족의 전형인 금발의 장신인 독일인 루츠 롱 선수와 제시 오언스가 우정을 쌓았다는 사실이다.

심지어 제시 오언스에게, 멀리뛰기 경기에서 도움닫기를 더 길게 늘릴 것을 조언한 것도 루츠 롱이었다.

두 선수의 우정은, 루츠 롱이 1943년 이탈리아 전선에서 사망할 때까지 오랫동안 이어진다.

하지만 독일에서만 인종차별이 일어나는 건 아니었다. 미국으로 돌아간 루스벨트 대통령은 오언스와의 만남을 거절했다.

마라톤 경기에서 금메달을 딴 것은 한국의 손기정 선수였다. 손기정 선수의 금메달은 한국인의 긍지를 드높였다.

IOC는 올림픽 정신에 위배되는 것이 없다고 여겼다.

몬레포스 저택, IOC 본부

올해의 선수 타이틀은 올림픽 10종 경기 챔피언(백인) 글렌 모리스에게 돌아갔다.

1936년, IOC는 1940년 올림픽 개최지로 도쿄를 지정한다. 그러나 그보다 5년 앞서 일본은 만주를 침략했고, 1933년에는 정책에 대한 심문을 받지 않기 위해 국제연맹을 탈퇴했다.

1937년, 중일전쟁은 공산주의자 마오쩌둥과 민족주의자 장제스의 연합 이후 더욱 격화되었다. IOC는 중국인 위원인 왕정팅의 반대에도 불구하고 결정을 바꾸지 않았다.

세계대전의 고통 속에서

3부.

냉전 시기

대부분 소련 선수들은 거짓 아마추어 선수들이었다.
그중 대다수가 경찰이나 군대와 위장 결탁하여
전문 선수들처럼 훈련을 받았다.

IOC는 이 점을 눈감아주었고, 소련 선수단이 아마추어라는
거짓말을 순순히 받아들였다.

미국은 71개의 메달을 딴 소련을 제치고 76개의 메달을 따며
가까스로 우승한다.

올림픽은 미–소 경쟁의 연장선이었다. 모스크바에서 올림픽
챔피언들은 사회주의 신화를 전파하는 주역이 되었다.

미국에서는 그들이 중요시하는 진취성과 노력이라는
가치를 찬양했다.

헬싱키 올림픽의 5000m, 10,000m,
마라톤 경주 우승자인 체코 선수
에밀 자토펙을 예로 들어보죠.

공산주의 언론에서는 그를 영웅적인 노동자의 상징으로 내세웠다.

공산주의자 자토펙과 프랑스인 드골주의자 알랭 미뭉은 경기장에서는 서로의 경쟁자였지만, 매 경주가 끝난 뒤 서로 포옹을 나눴다.

1972년 뮌헨 올림픽이 끝난 직후, 러시아 언론 〈프라우다〉는 올림픽 승리가 정치에 미친 영향을 역설했다.

서양 언론에서는 스탈린 기계론의 산물로 여겼다.

인류 측면에서 보면 스포츠는 정치적 간극을 초월하였다. 누구나 상대의 재능을 인정했다.

미국 대통령 제럴드 포드 역시 2년 후 비슷한 견해를 보인다.

냉전 시기

역대 올림픽 경기에 모두 참여했던 호주는, 멜버른에서 1956년 올림픽을 개최하게 되었다. 남반구 최초였다.

중국은 1950년 이래로, 마오쩌둥의 공산주의 대륙과 장제스가 이끄는 민족주의 섬 대만으로 분열되어 있었다.

1956년 중화인민공화국 선수단은, 중화민국이라는 이름을 내건 대만의 올림픽 참가에 반대하기 위해 멜버른을 떠났다.

이 결정으로 중국은, 1976년 마오쩌둥이 사망할 때까지 오랜 기간 올림픽 세계를 떠나게 된다.

이라크, 이집트, 레바논 역시 이스라엘의 참가에 항의하기 위해 멜버른 올림픽을 보이콧했다.

1956년 10월 말, 헝가리에서 일어난 혁명*은 소련 군대에 의해 무참히 진압되었다. 소련의 올림픽 참가에 항의하기 위해 네덜란드, 스위스, 스페인 역시 보이콧을 선언했다.

1956년 12월 6일, 수구 준결승 경기에서 소련과 헝가리가 맞붙었다.

한 소련 선수가 헝가리 선수를 박치기하자 경기장이 싸움판이 되며 여러 선수들이 부상을 입었다. 수구 경기장의 물이 붉게 물들었다.

오스트리아 관중은 헝가리 선수들 편에 서서 항의에 나섰다. 소련 선수단의 집단폭행을 막기 위해 경찰이 개입해야 했다.

헝가리의 승리가 선언되었다. 헝가리 선수단은 이튿날 벌어진 결승전에서 유고슬라비아를 이기고 우승을 차지했다.

헝가리 대표팀 112명 중 44명만이 수도 부다페스트로 돌아오게 된다.

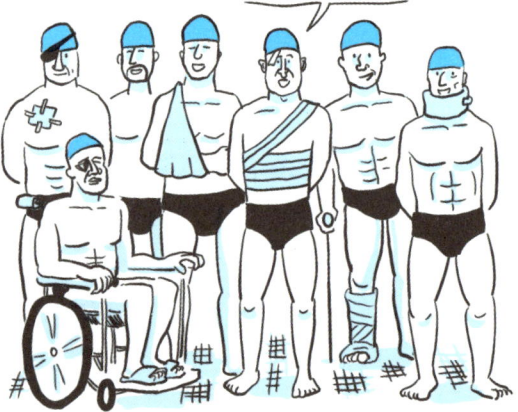

★ 헝가리 혁명: 소련 종속 정책에 반대하여 일어난 전국적인 혁명. 부다페스트에서 대학생들이 집결해 시위를 열면서 시작되었다.

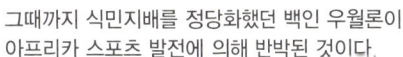

올림픽 조직위원회와 신생 독립국가들의 이해가 일치하게 된다. 본래 식민지주의를 지지했던 IOC는 식민지 해방 쪽으로 선로를 변경한다.

신생국가들의 입장에서 올림픽 참가는 국가의 정당성을 증대시켰다.

올림픽은 국제적 인정을 획득한 신생국가 국민들을 결속시켰다.

대만은 참가했지만, 개막식 때 국가 명칭을 '중화민국'에서 '포모사'*로 변경해야 했다.

남아프리카공화국 대표팀은 백인 선수들로만 꾸렸다. IOC 위원장 에이버리 브런디지는 수많은 항의에도 불구하고 그 사실을 묵인한다.

★ 대만에 처음 들어온 포르투갈인들이 붙인 명칭으로, 아름다운 섬이라는 뜻.

냉전 시기

에티오피아의 아베베 비킬라 선수가 마라톤에서 우승한다.

비킬라는 아프리카 전 대륙의 영웅이자, 식민지 해방의 영웅이 되었다.

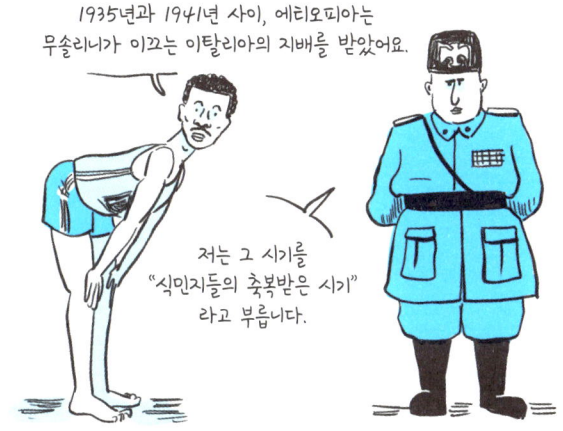

복싱선수 캐시어스 클레이는 라이트헤비급에서 금메달을 땄다. 일명 '무하마드 알리'라는 전설적인 커리어의 시작이었다.

1960년 올림픽에서 프랑스는 처참한 결과를 기록했다. 금메달을 제외한 메달 5개로 25위에 머무른 것이다.

폐막식 이튿날, 프랑스 풍자만화가 자크 페장이 〈르 피가로〉지에 유명한 풍자만화를 게재했다.

프랑스 체육부 장관 모리스 헤르조그는 이 문제를 파고든다.

전 등산가인 헤르조그는 손가락을 절단당했다.

냉전 시기

올림픽 성화는 원자폭탄이 떨어진 날인 1945년 8월 6일, 히로시마에서 태어난 사카이 요시노리가 봉송했다.

아베베 비킬라는 또 한 번 마라톤에서 우승을 차지한다.

남아프리카 공화국은 인종차별 정책인 아파르트헤이트 때문에 올림픽에서 배제되었다.

이는 남미 국가에 대한 인정이자, 제3세계 및 개발도상국에 대한 인정이었다.

멕시코 대학생들은 경찰의 폭력과 교육시스템 부족에 항의하기 위해 시위를 벌였다. 1968년 8월 멕시코 수도 거리에 수만 명의 학생들이 운집했다.

구스타보 디아스 오르다스 정권은 겁을 먹었고, 올림픽을 예정대로 개최하기 위해 무력을 사용하기로 결정한다.

멕시코 정부는 이를 카스트로주의적 음모라고 비난했고, 시위는 더 이상 일어나지 않는다.

개막식 10일 전, 30만 명의 대학생들이 시위를 벌였다. 멕시코시티 광장에서 경찰은 사격을 개시했다. 이로 인해 325명이 사망하고 학생들이 대규모로 체포되었다.

한편 러시아는 비동맹운동(과거 서구 식민지 강대국들과 거리를 두고 싶어 하는 국가들)을 이끄는 국가들과 관계를 끊고 싶지 않았다.

★ 68혁명을 상징하는 슬로건으로 구체제에 대한 반항과 전복을 뜻한다. 포석은 도시와 소외를, 해변은 바캉스와 자유를 상징한다.

냉전 시기

멕시코 언론은 학살 사건을 보도하지 않고 침묵했다.
에이버리 브런디지는 이를 내부 정치 사안이라고 판단했다.

멕시코 올림픽은 200미터 경주에서 금메달과 동메달을 딴 미국인
토미 스미스와 존 카를로스 선수의 행동으로 역사에 길이 남았다.

시상대에서 두 선수는
미국의 인종분리 정책에 저항하는 행위인
'블랙 파워 설루트'를 취했다.

호주 선수 피터 노먼은 연대의 의미로
올림픽 인권 프로젝트를 새긴 배지를 가슴에 달았다.

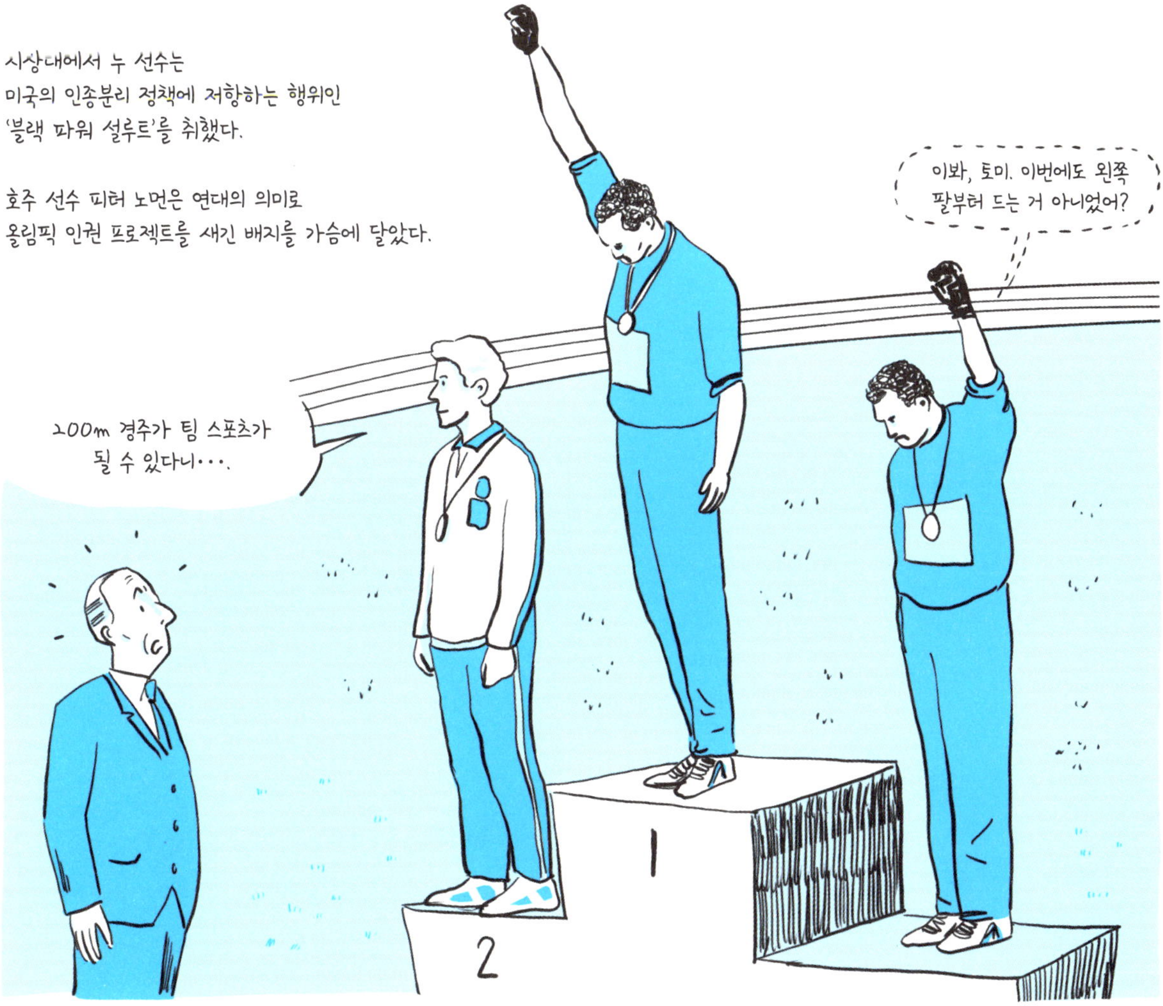

틀라텔롤코 학살 사건 당시 입을 꾹 다물었던 IOC지만, 이번에는 올림픽 헌장에 위배되는 이들의 행위에 분개했다.

스미스와 카를로스는 올림픽에서 퇴출되었고 메달도 빼앗겼다.

두 선수는 미국에서 혐오의 대상이 되었고, 원래 예정되어 있던 미식축구 프로선수가 될 수 없게 된다.

두 선수는 2003년 미국 올림픽 명예의 전당에 입성하면서 비로소 명예를 회복했다.

피터 노먼 역시 호주에서 불이익을 당했다. 1972년 올림픽에서 배제된 것이다.

2006년 그가 사망하자, 토미 스미스와 존 카를로스가 그의 관 운구를 맡았다.

냉전 시기

미국의 밥 비먼 선수는 멀리뛰기에서 엄청난 성취를 기록했다. 무려 8.9미터를 날아오르며 세계기록보다 55센티미터나 앞선 것이다!

멕시코는 해발 2,200미터에 위치하고 있어, 저고도 지역보다 대기압이 낮다는 점으로 그의 성취를 일부 설명할 수 있다.

독일은 최초로 두 개 대표팀으로 나뉘어 등장한다. 하나는 서독, 다른 하나는 동독이었다.

IOC는 본래 서독 올림픽 위원회만을 인정했고, 동독의 인정 요청을 거절했다.

베를린장벽을 설치한(1961) 이후, 동독과 서독 사이에 긴장감이 더욱 심화되었다. 1965년, IOC는 두 선수단을 각각 인정했고, 동독은 1988년까지 국가대표팀을 보유하게 되었다.

1984년 로스앤젤레스 올림픽을 보이콧했음에도 불구하고 동독은 역대 올림픽에서 총 519개의 메달을 땄다. 그중 금메달은 62개에 달했다. 1988년에는 미국을 제치고 2위를 차지하기도 했다.

동독이 거둔 성취는 국가의 계획하에 이루어진 거대한 도핑 프로그램 덕분이었다. 전말은 베를린 장벽 붕괴 이후에 밝혀진다.

1972년 올림픽은 뮌헨에서 개최하였다. 뮌헨 올림픽을 위해 독일 디자이너 오틀 아이허는 픽토그램 체계를 개발했는데, 그의 픽토그램은 그때부터 보편적으로 인식되게 된다.

❶ 해머던지기 ❷ 이단평행봉 ❸ 높이뛰기 ❹ 세단뛰기 ❺ 펜싱
❻ 포환던지기 ❼ 경보 ❽ 장대높이뛰기

그러나 개막식으로부터 일주일이 지난 9월 5일, 운동복을 입은 특공대원 8명이 올림픽 선수촌에 침입했다.

1969년 빌리 브란트가 추진한 동방정책은, 소련을 포함한 모든 공산주의 국가들과 서독의 관계를 진정으로 완화시켰다.

뮌헨이 개최지로 선정된 또 다른 이유는 나치 프로파간다의 중심이라는 이미지에서 탈피하기 위해서였다.

그들은 이스라엘 대표팀의 숙소로 향했다. 2명의 이스라엘 선수가 살해당했고 2명은 도망쳤다. 11명은 인질이 되었다.

냉전 시기

특공대는 1970년 9월, 요르단 왕 후세인 1세에 의해 일어난 팔레스타인 학살을 기리는 '검은 9월단' 출신이었다.

특공대는 팔레스타인 죄수 200명의 석방을 요구했다.
협상 끝에 결국 이들을 이집트로 이송하는 것으로 결론이 난다.

그러나 선수들이 두 대의 헬리콥터에 나누어 탑승한 순간, 뮌헨 경찰은 부족한 준비 끝에 선제공격을 하고 만다.

그렇게 테러리즘이라는 주제가 올림픽 역사에 등장했어요. 테러리즘과 같은 종류의 위험을 전문적으로 통제하기 위해 특수부대를 도입하게 됩니다.

IOC는 올림픽 취소를 거부하고, 올림픽 경기장 내에서 장례식을 기획합니다.

★ 연방경찰 제9국경경비대

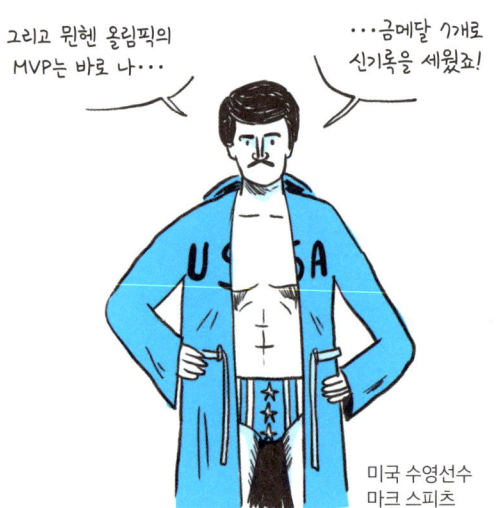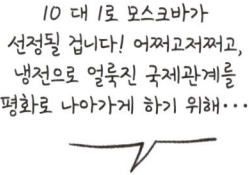

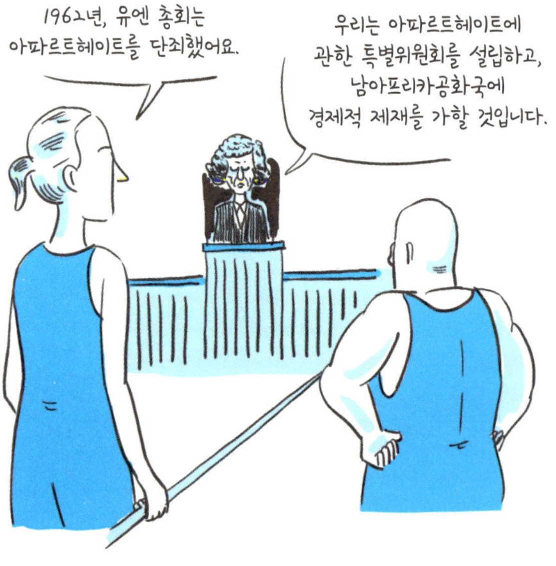

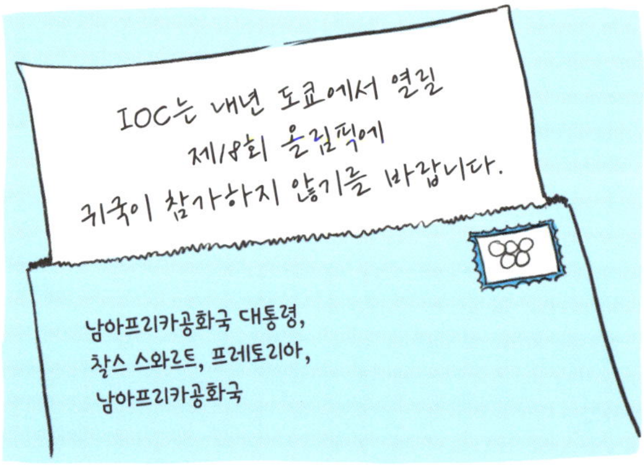

냉전 시기

멕시코 올림픽(1968)도 마찬가지였다. 과거 영국 식민지로서 아파르트헤이트를 시행하고 있던 남로디지아도 같은 상황에 처하게 된다.

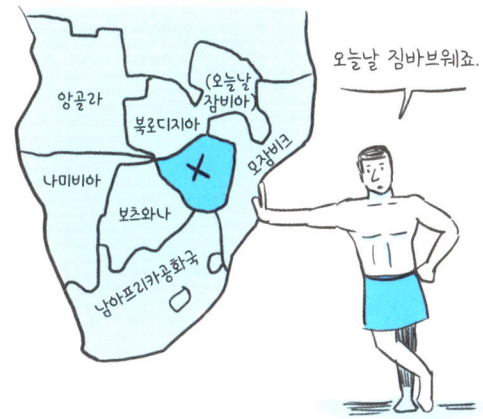

같은 해인 1968년, IOC는 "아파르트헤이트에 저항하는 올림픽 정신"이라는 제목의 문서를 작성하게 된다.

1970년, IOC는 남아공 대표팀을 올림픽에서 제외하기로 결정한다.

★ 남아공의 흑인 인권운동 지휘자인 넬슨 만델라.

남아프리카공화국은 아파르트헤이트 철폐 이후인 1992년 바르셀로나 올림픽에서 비로소 다시 출전하게 된다.

4부.

보이콧에서 보편주의까지

1974년 미국과 소련의 관계는 양호했다.
이른바 '데탕트'*의 정점이었다.

1974년, IOC는 1980년 올림픽 개최지로 모스크바를 선정했고,
앞선 1978년에는 1984년 올림픽 개최지로 로스앤젤레스가
선정되었다.

IOC는 올림픽이 지닌 보편성, 그리고 무엇보다도 그것이 낳는 부수적 효과, 나아가 지정학적 변화의 선구안적 측면을 드러내고자 했다.

하지만 지정학은 또 한번 IOC의 뒤통수를 쳤다.
동구와 서구의 관계가 급속도로 악화한 것이다.

미국 대통령 지미 카터

미국은 뒤처지고 있다고 느꼈다. 미국은 1975년 베트남전쟁에서의
전략적 패배 이후 '베트남 신드롬'**을 호소하고 있었다.

거기에 1974년, 닉슨 대통령을 사임하게 만들었던
워터게이트 스캔들로 인한 도덕적 위기까지 겹쳤다.

★ 프랑스어로 긴장 완화를 뜻하며, 냉전 양극 체제가 다극 체제로 전환되며 미소간 긴장이 완화되던 현상을 말한다.
★★ 베트남 전쟁에 대한 미국 내 논란 이후, 해외 군사 개입에 대한 대중의 혐오감을 지칭하는 미국의 정치 용어.

보이콧에서 보편주의까지

1980년 동계 올림픽은 미국 레이크플래시드에서 열렸다. 아이스하키 준결승에서 미국과 소련 대표팀이 맞붙었다.

긴박감 넘치는 경기 끝에 미국이 4 대 3으로 승리하면서 경기는 "은반 위의 기적"이라는 이름으로 기억되었다.

미국 올림픽 위원회는 출전에 호의적이었지만, 결국에는 당국과 일부 여론 및 스폰서의 압력에 굴복할 수밖에 없었다.

보이콧에서 보편주의까지

61

정치인들과 지식인들은 프랑스 선수들에게 모스크바 올림픽을 보이콧할 것을 요구하게 된다.

메달 집계표에는 보이콧의 결과가 반영된다.

3위는 불가리아, 4위는 쿠바, 6위는 헝가리, 7위는 루마니아, 10위는 폴란드가 차지했다.

장대높이뛰기 결승에서 폴란드의 코자키에비치 선수와 소련의 볼코프 선수는 훌륭한 시합을 보여주었다.

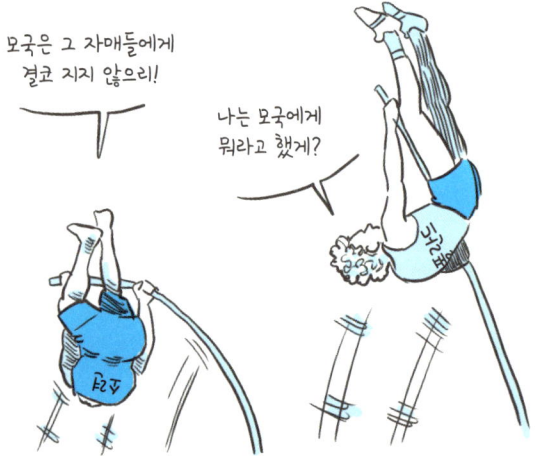

코자키에비치 선수에게 적대적이었던 군중은, 그가 높이뛰기 시도를 할 때마다 야유를 보냈다.

보이콧에서 보편주의까지

볼코프가 5.75m에 실패한 반면, 코자키에비치는 5.78m를 성공시켰고 금메달을 따며 세계 신기록을 경신했다. 그는 역사에 길이 남을 세리머니를 관중 앞에서 보였다.

소련은 그의 세리머니를 자국에 대한 욕설로 받아들였다. 폴란드 대사는 육상연맹을 찾아가 코자키에비치를 실격시켜달라고 부탁했다.

소련에 대한 굴복과 자국 국민의 열띤 애국심 사이에서 오도 가도 못 하던 폴란드 정부는, 위기를 타개하기 위해 노력한다.

미국의 보이콧에 따른 보복을 목적으로, 소련은 1984년 로스앤젤레스 올림픽을 보이콧했다.

소련의 보이콧은 실패로 끝났다. 고작 14개 국가만이 소련 편에 섰다. 바르샤바 조약기구 일원인 루마니아, 그리고 소련과 여전히 경쟁 중이던 중국은 올림픽에 출전했다.

칼 루이스는 금메달을 4개나 따며 올림픽을 빛냈다. 제시 오언스의 업적과 맞먹는 기록이었다. 그는 군중을 향한 장내 일주를 위해 처음으로 국기를 몸에 두른 선수였다.

보이콧에서 보편주의까지

올림픽이 개최될지 여부는 1987년 1월, 경찰에 의해 고문을 받다가 한 대학생이 사망한 사건 이후, 한국의 민주화에 커다란 역할을 할 터였다.

1987년을 마지막으로 한국 군사정권이 막을 내리고 점차 민주화를 받아들이게 된다.

캐나다의 벤 존슨 선수는 미국의 칼 루이스 선수를 제치고 100m 세계 신기록을 세우며 올림픽을 빛냈다.

국민들의 반발이 퍼져나갔다. 1968년 멕시코에서 벌어졌던 일과 반대로, 한국 정권은 올림픽을 놓치지 않기 위해 억압보다는 개방을 택했다.

소련은 그것이 자국이 참가하는 마지막 올림픽이라는 사실을 모른 채, 1988년 서울 올림픽에 참가했다.

보이콧에서 보편주의까지

후보지 선정은 1986년에 이루어졌다. 스페인은 여러 항목을 만족시켰다. 다시 민주화되었고, 유럽연합의 일원이 되었으며, IOC 위원장의 지지도 얻었다.

후안 안토니오 사마란치는 1980년, IOC 위원장이 되었다.

바르셀로나는 카탈루냐 자치주의 주도이다. 올림픽은 카탈루냐 주민들이, 자신들의 정체성과 독립 요구를 표출할 기회였다.

스페인 정부는 올림픽을 계기로 국가의 성공을 전시하고자 했다. 따라서 1992년에 조명을 받은 것은 올림픽이 열린 바르셀로나뿐만이 아니었다.

★ 스페인의 극우 정당으로, 쿠데타로 정권을 잡은 프랑코 독재 체제를 이끌었다.

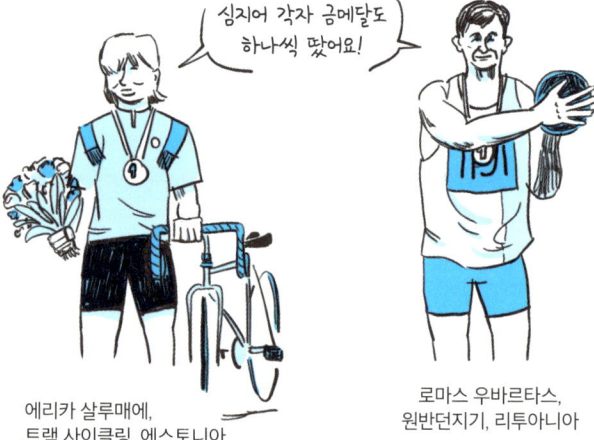

1991년 12월, 소련이 붕괴하며 15개의 독립 국가들로 나뉘었다.

그 외 구소련 국가들은 '구소련 연합 선수단'이라는 이름으로 소개되었다. 올림픽 찬가는 우승할 경우에만 연주했다. 연합 선수단은 총 45개의 금메달을 기록했다.

1984년과 1988년 보이콧 이후 쿠바도 올림픽에 참가했다.

보이콧에서 보편주의까지

공산주의 체제인 유고슬라비아 연방을 떠난 슬로베니아, 보스니아, 크로아티아도 자국 국기를 내걸고 올림픽에 참가했다.

한편 유고슬라비아는 발칸반도에서 전쟁을 일으켜 제재를 받았고, IOC는 유엔 및 서구 지도자들과 타협을 하기에 이른다.

또한 1992년은 남아프리카공화국이 넬슨 만델라의 석방(1990)과 아파르트헤이트 철폐(1991) 이후 올림픽으로 다시 복귀한 해였다.

에티오피아의 데라르투 툴루 선수가 여성 10,000m 경주에서 우승을 차지했다. 아프리카 흑인 여성이 올림픽 챔피언이 된 최초의 순간이었다.

데라르투 툴루는 남아프리카공화국 백인 선수인 엘라나 메이어를 제치고 우승했다.

두 선수는 서로 손을 잡고 장내 일주를 했고, 이들은 남아프리카공화국과 아프리카 대륙 사이 화해의 상징이 되었다.

보이콧에서 보편주의까지

오슬로 협정(1993)*을 맺은 팔레스타인도 처음으로 올림픽에 참가한다.

모든 구소련 국가들이 각자 자신의 국기를 내걸고 경쟁했고, 거기엔 갓 분리된 체코공화국과 슬로바키아도 있었다.

그러나 애틀랜타는 1996년 7월 27일, 극우 미국인이 올림픽 경기장 한복판에서 일으킨 폭탄 테러로 인해 슬픔에 잠긴다. 안전 문제가 올림픽의 주요 이슈로 떠오른다.

폭탄을 발견하고 관중들을 대피시킨 안전 책임자의 결단이, 피해 규모를 2명의 사망자와 백여 명의 부상자로 줄일 수 있었다.

★ 이스라엘 총리 이츠하크 라빈과 팔레스타인해방기구(PLO) 수장 야세르 아라파트가 미국의 중재로 2국가 해법에 기반한 평화 프로세스 정착을 위해 1993년 9월 13일 체결한 협정. 이로써 이스라엘과 팔레스타인이 서로의 존재를 인정하고 공존을 위한 해결을 추구하는 기반을 마련한 것으로 평가받는다. 하지만, 이후 라빈 총리가 극우파에게 살해당하면서 오슬로 협정은 유명무실해진다.

5부.

세계화와 올림픽

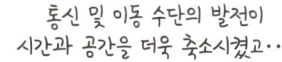
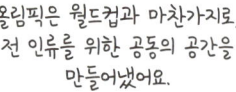

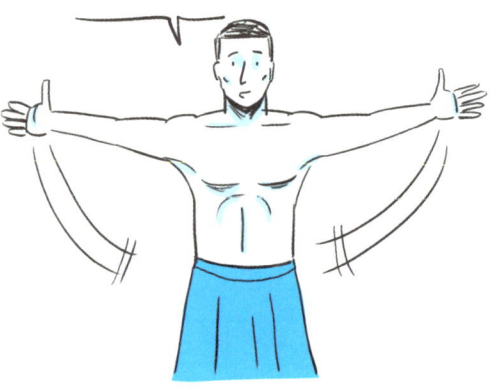

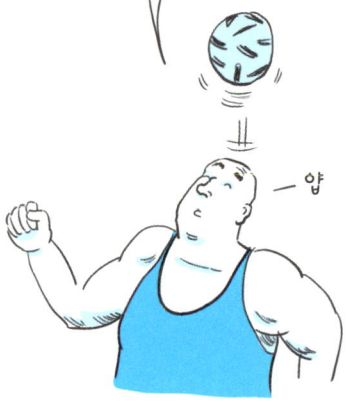

세계화와 올림픽

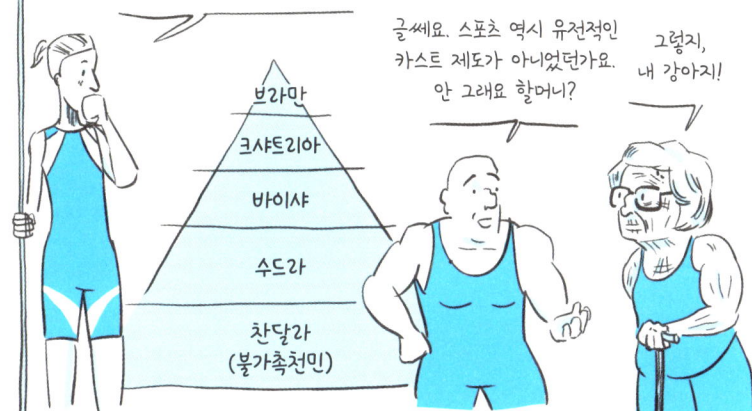

언론은 올림픽 발전에 지대한 역할을 했다.

1896년, 최초의 올림픽을 위해 창간한 이탈리아 스포츠 신문

1900년, 파리 올림픽을 위해 창간한 프랑스 스포츠 신문으로 현 〈에큅〉의 전신

1924년에는 700명의 기자가 최초의 라디오 생중계를 위해 파리로 왔다.

동시에 올림픽은 언론에겐 횡재와도 같았다.

기자들의 수는 2024년에는 약 3만 명으로 늘어날 것이다.

1936년, 히틀러는 베를린에 대형 스크린을 설치하게 했다.

1964년, 인공위성 덕분에 방송 범위가 세계로 넓어졌다. 텔레비전은 무한한 수의 관중을 맞이할 수 있는 가상의 경기장을 제공한 셈이었다.

수중 카메라는 수면 아래 모습까지 감상할 수 있게 했다.

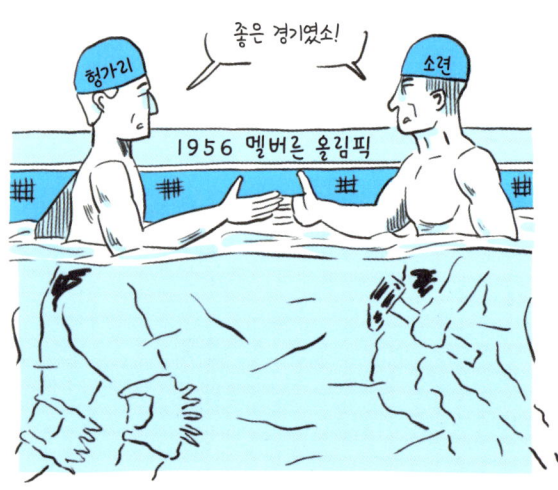

하지만 최초의 대규모 생중계 방송이 등장한 것은 1960년 로마 올림픽 때였다. 유로비전, 즉 유럽 텔레비전 동시 방송 덕분이었다.

슬로 모션 기술은 선수들의 동작을 자세하게 관찰할 수 있게 해주었다.

텔레비전 방영권으로 올린 수익은 올림픽 조직위가 벌어들인 이익의 절반을 차지했다.

세계화와 올림픽

미국 방송 채널들의 힘은 막강해서, 때로는 경기 시간이 미국에서 가장 좋은 중계방송 시간과 맞아떨어지게 만들기도 했다.

미국 영토의 방영권은 미국 지상파 방송국인 NBC가 보유하고 있고, NBC는 방영권을 다시 다른 방송국에 팔았다.

1980년부터 2001년(쿠베르탱 이후 가장 오랜 임기)까지 IOC 위원장을 지낸 후안 안토니오 사마란치는 TV 방영권과 후원을 통해 상업화를 진척시켰다.

1993년, 시드니와 베이징은 2000년 올림픽 개최지로 선정되기 위해 경쟁했다.

시드니 올림픽에는 199개 국가가 참가했는데, 여전히 배제된 국가가 있었다. 한 예로 아프가니스탄은, 여성에게 스포츠를 금지한 정책으로 인해 1996년 올림픽 참가국에서 제외되었다.

시드니 올림픽 개막식에서 남한과 북한은 통일된 한반도 국기를 들고 입장했다.

호주 토착민의 유산이 강조되었다. 토착민 혈통 호주인 캐시 프리먼 선수가 올림픽 성화에 불을 붙였다.

시드니 올림픽의 또 다른 주역은, 수영 100m 자유형 경기에 출전한 적도기니의 에릭 무삼바니 선수였다.

호주는 과거와 화해한, 개방적이고 스포츠에 강한 국가라는 긍정적인 면을 부각하고자 했다.

며칠 뒤, 캐시 프리먼 선수는 400m 경주에서 금메달을 땄다. 세리머니를 위한 장내 일주에서 그녀는 호주와 토착민 깃발을 함께 흔들었는데, IOC는 이를 예외적으로 허용했다.

그의 조에서 두 명의 경쟁 선수가 부정출발로 실격했다. 그는 관중들의 환호 속에 레인을 홀로 왕복했다.

그의 기록은, 참가에 의의가 있다는 올림픽 정신의 상징이 되었다.

세계화와 올림픽

만화로 보는 올림픽 세계사

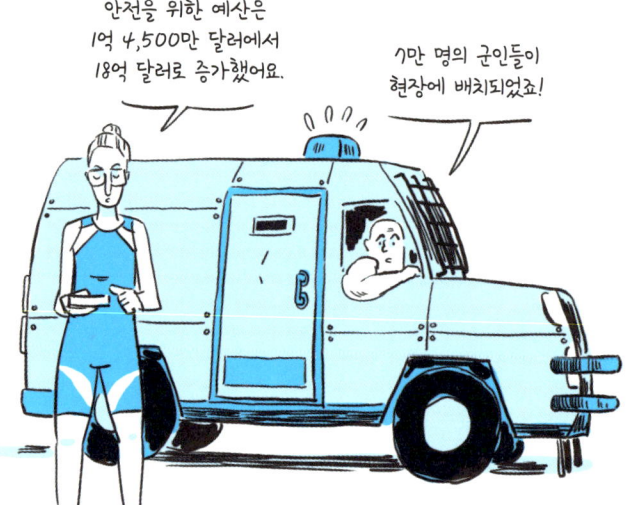

장점이었던 올림픽 경기의 가시성은, 테러범들의 관심을 끌 수 있다는 이유로 우려스러운 점이 되었다.

중국은 그전까지 내부적 갈등으로 인해 1932년에야 비로소 올림픽에 참가하게 되었다.

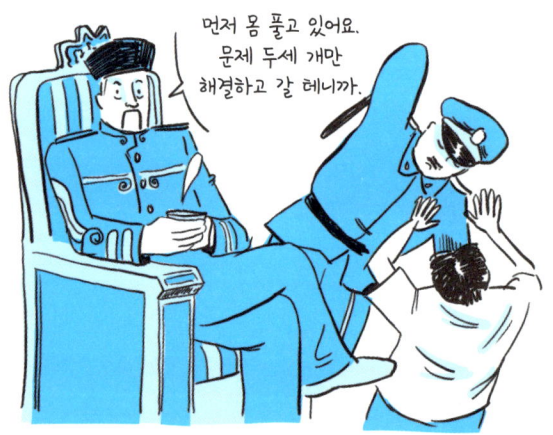

1952년, IOC는 헬싱키 올림픽에 '두 개의 중국' 선수들의 출전을 허용했다. 대만은 올림픽 보이콧을 하는 실수를 저질렀다.

1954년, 아직 유엔의 회원국이 아니었던 중화인민공화국은 IOC의 회원국이 된다. 그것이 국제적 인정의 시초였다.

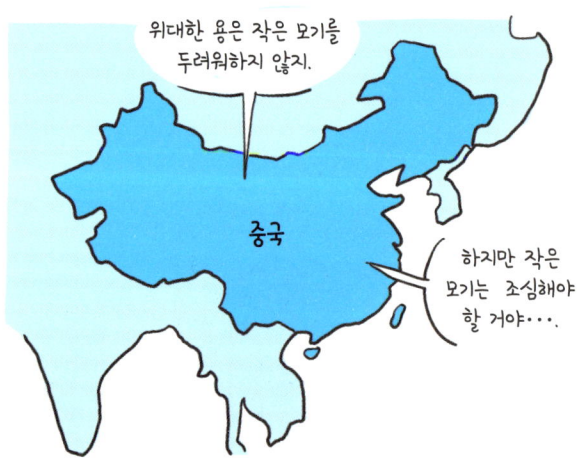

세계화와 올림픽

1971년 중국은 대만이 사라진 유엔의 빈자리를 차지했고, 1979년 다시 IOC에 가입했다.

대만은 새로운 이름으로 IOC 내에 남았다.

만화로 보는 올림픽 세계사

2000년, 후보에서 탈락했던 베이징은 2008년에 개최지로 선정된다. 이 결정은 수많은 비판 여론을 불러일으켰다.
어떻게 독재 정권에 올림픽을 맡길 수 있단 말인가?

중국 국민은, 비판 여론 속에서, 그들이 중국의 발전을 외면하고 있음을 알았다.

성화 봉송 계획이 여러 번 바뀌었고, 중국에서 올림픽이 개최되지 않기를 바라는 청원이 쇄도했다.

베이징 올림픽은 2008년 8월 8일, 저녁 8시 8분에 개막했다.

같은 날, 러시아와 조지아 사이에 전쟁이 발발했다. 조지아는 러시아가 점령하고 있는 자국 영토의 일부를 탈환하고자 했다.

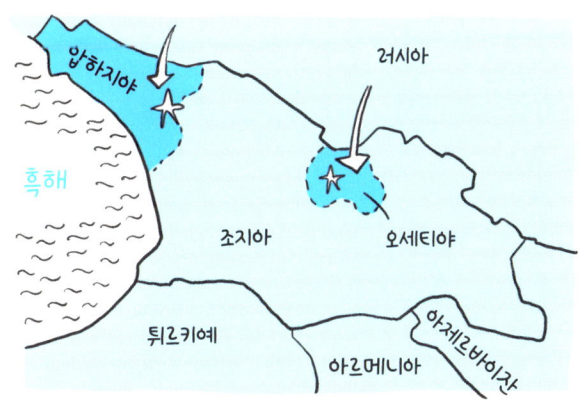

하지만 권총 사격 부문 시상대에서 은메달을 딴 러시아 선수 나탈리야 파데리나와 동메달을 딴 조지아 선수 니노 살루크바제는 서로 포옹을 나눴다.

8월 13일, 두 국가의 비치발리볼 선수들 역시 포옹을 나눴다. 스포츠는 지정학적 대립을 초월한 관계를 만들어낸다.

우사인 볼트는 100m, 200m, 4×100m 계주에서 모두 우승하면서, 모든 경기에서 또 한 번 세계신기록을 세웠다.

하지만 베이징 올림픽에서, 전설적인 마크 스피츠 선수는 8개의 금메달을 딴 마이클 펠프스 선수에게 자리를 내어주게 된다.

1972년 뮌헨 올림픽 당시 미국 수영 선수 마크 스피츠는 일곱 개의 금메달을 휩쓸었다.

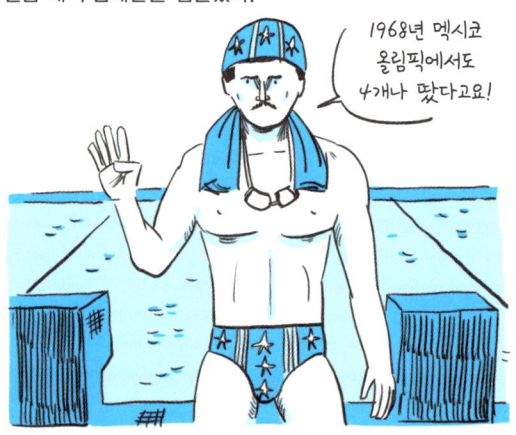

올림픽 비용은 420억 달러로 추산되며 신기록을 달성했다. 중국은 나머지 세계에 자국의 부상을 증명하고 싶었던 것이다.

세계화와 올림픽

2005년, 2012년 올림픽 개최지 선정을 위해 두 도시가 맞붙었다. 바로 파리와 런던이다.

프랑스는 반대했고 영국은 지지했던 이라크 전쟁으로부터 2년이 채 지나지 않은 때였다.

2005년 7월 6일, 프랑스에 찬물이 뿌려졌다. 런던이 4표 차로 개최지로 선정된 것이다. 파리는 1992년과 2008년에 이어 세 번째 탈락의 고배를 맛보았다.

세계화와 올림픽

역사적으로 많은 경기 종목을 고안해 낸 영국은, 그러나 1996년 애틀랜타 올림픽에서 하위권에 머물렀어요.

금메달 하나, 은메달 여덟, 동메달 여섯이라니, 국가적 망신이야!

정확히는 카자흐스탄과 에티오피아 다음으로 36위를 기록했죠.

금메달 15개로 5위였던 프랑스에 비하면 훨씬 뒤처진 기록입니다.

그에 대한 방안으로, 영국은 높은 수준에서 자발적인 스포츠를 지원하는 정책을 펼쳤다.

그 결과, 2008년 베이징 올림픽에서 영국은 19개의 금메달을 따내며 최종 순위 4위를 기록했다.

가자, 조니! 가자!

···저 멀리 고작 금메달 7개를 딴 프랑스가 보이는군!

2012년, 영국은 자국 시상대에서 미국과 중국 다음으로 3위 자리에 올랐다.

금메달을 29개나 땄어요!

좀 줄까?

런던에서야 자기 국민들 앞이니 쉬운 게 당연하지. 우리는 다음 프랑스 올림픽에서 이기고 만다!

만화로 보는 올림픽 세계사

2009년, IOC는 2016년 올림픽 개최지를 선정하기로 한다. 수많은 후보자들이 있었다.

지우마 호세프 대통령은 부패 누명을 쓰고 2016년 탄핵된다. 부패로 악명이 높았던 미셰우 테메르 부통령이 대통령 자리를 차지한다.

브라질의 룰라 대통령과 미국의 버락 오바마 대통령은 표결이 진행되는 코펜하겐으로 향했다. 최종 선정된 곳은 리우였다. 남미에서 열리는 최초의 올림픽이 된다.

하지만 2009년과 2016년 사이, 신흥국 대표주자인 브라질의 경제 및 정치적 상황은 커다란 변화를 겪는다.

올림픽 개막식에서 수많은 관중들에게 야유당한 미셰우 테메르는 폐막식에 불참했다.

★　브라질 리우데자네이루의 한 지역으로, '이파네마에서 온 소녀'라는 노래가 세계적으로 유명하다.
★★　브라질 리우데자네이루 남동쪽 대서양에 면한 해안가로, 세계적인 관광지·휴양지로 유명하다.
★★★　사탕수수로 만든 전통주 카샤사에 라임과 설탕을 섞어 만든 칵테일로, 브라질에서 널리 알려진 술.

세계화와 올림픽

미국 수영 선수 마이클 펠프스는 개인 통산 23개의 금메달(개인 13개, 계영 10개)을 획득하며 5관왕을 기록했다.

리우 올림픽 개막 며칠 전 맥라렌 보고서가 발표되면서, 러시아가 2011년과 2015년 사이에 계획했던 "국가적 도핑 체계"의 내막이 만천하에 드러났다.

세계 반도핑 기구는 러시아의 올림픽 제명을 요구했다.

세계 육상연맹은 러시아를 제명하기로 한다.

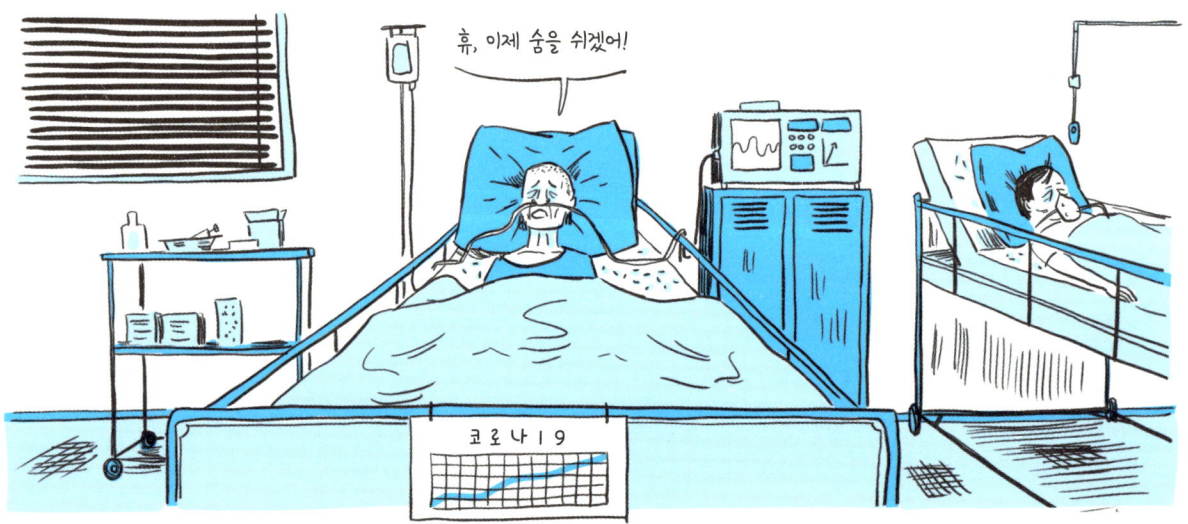

세계화와 올림픽

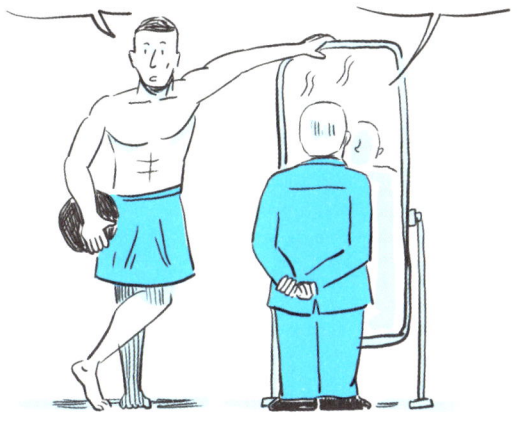

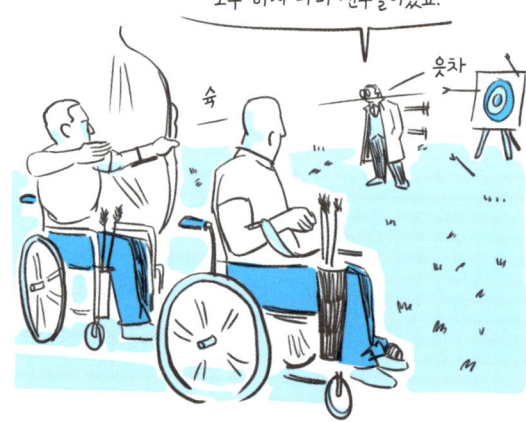

세계화와 올림픽

1960년, 제9회 스토크맨더빌 국제 대회가 로마 올림픽이 폐막한 지 6일 뒤 로마에서 열렸다.

'패럴림픽'이라는 용어가 공식적으로 사용된 것은 1984년이었다. 1960년부터 1980년까지는 '스토크맨더빌 국제 대회'라는 이름을 사용하였다.

1968년, 멕시코는 패럴림픽 경기를 열 수 없다고 선언했다. 이에 이스라엘이 자국 영토에서 패럴림픽을 개최하겠다고 제안한다.

1980년에는 소련 역시 패럴림픽 경기의 주최를 거절했고, 패럴림픽은 네덜란드에서 열리게 된다.

1989년, 국제 패럴림픽 위원회(IPC)가 창설되었다. IPC는 2001년 IOC와 협약을 체결한다.

로버트 스테드워드, IPC 초대 위원장

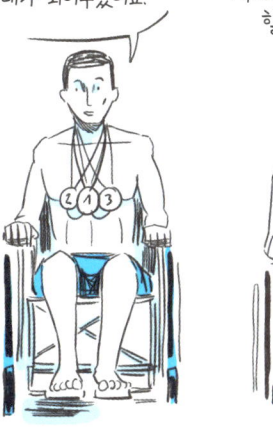

에마뉘엘 아스만, 펜싱 선수 및 2013년부터 2018년까지 프랑스 패럴림픽 위원회 위원장

1948년 루드비히 구트만의 환자들은 네트볼(농구의 변형)과 양궁 경기를 했다.
그로부터 시간이 흐르면서 종목의 수는 점차 늘어나, 2024년 파리 패럴림픽에서는 그 수가 22개에 달한다.
몇몇 종목들을 간단히 살펴보자.

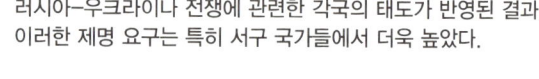

세계화와 올림픽

1988년, IOC 위원이 솔트레이크시티 올림픽 조직위원회로부터 뇌물을 받았다는 의혹이 제기되었다.

IOC, 미국 올림픽 위원회, 미국 법무부는 조사를 진행했고, 부패 행위를 적발해냈다.

이들에게 특혜를 주기 위해 수백만 달러가 사용되었는데, 거기엔 스키여행, 학업 장학금, 부동산, 성형수술 비용도 포함되었다.

IOC의 백여 명 위원들 중에서 단 10명이 제명되었고, 10명이 벌을 받았다. 사마란치는 그의 사퇴를 요구하는 수많은 청원에도 불구하고 직위를 보전했다.

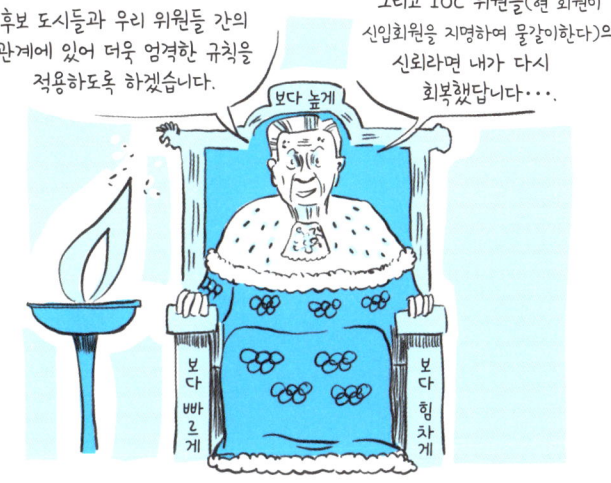

★ 염분이 많아 물맛이 짠 호수.

6부.

2024년 파리올림픽으로 가는 길

연속된 개최지 선정 탈락으로 인해 정당성에 문제가 제기되었다. 1984년, 프랑스는 1992년 올림픽 개최 후보지로 두 도시를 동시에 내세운다.

이에 더해, 프랑스 내의 정치적 불화가 일을 어렵게 만들었다.

2004년 올림픽 개최지로는 릴이 적합성 심사를 통과하지 못했다. 하지만 결과적으로는 릴이라는 도시의 현대화에 긍정적인 영향을 주게 된다.

★ 프랑스산 포도주
★★ 치즈

2024년 파리올림픽으로 가는 길

만화로 보는 올림픽 세계사

2015년 4월, 개최지 입후보를 목적으로 한 '올림픽 및 패럴림픽을 위한 협회'가 창립되었다.

파리의 경쟁지는 함부르크, 로마, 부다페스트, 보스턴(곧 로스앤젤레스로 변경)이었다. 세 곳의 유럽 후보지들은 기권한다.

파리는 선수촌과 수영장을 제외한 대부분의 거대 구조물들을 이미 갖추고 있었다.

IOC는 2024년과 2028년 올림픽 개최지를 동시에 선정했어요. 2017년 9월 13일에는 페루 수도 리마에서 2024년 올림픽 개최지로 파리가 선정되었고…

…2028년 올림픽 개최지로는 로스앤젤레스가 선정되었지만, 전혀 부럽지 않네요!

파리 올림픽은 최초로 남성 선수와 여성 선수의 수가 대등한, 남녀 동수의 올림픽이 될 겁니다!

만화로 보는 올림픽 세계사

초판 1쇄 발행 2024년 6월 28일

지은이 파스칼 보니파스
그린이 토미
옮긴이 이수진
펴낸곳 (주)태학사
등록 제406-2020-000008호
주소 경기도 파주시 광인사길 217
전화 031-955-7580
전송 031-955-0910
전자우편 thspub@daum.net
홈페이지 www.thaehaksa.com

편집 조윤형 여미숙 김태훈
마케팅 김일신
경영지원 김영지

값 17,500원
ISBN 979-11-6810-290-3 03900

도서출판 날은 (주)태학사의 인문·에세이 브랜드입니다.